APPRENDRE À ÊTRE HEUREUX

Jeremiah Burroughs

Pasteur et théologien anglais (1599-1646)

APPRENDRE À ÊTRE HEUREUX

 IMPACT
HÉRITAGE

230, rue Lupien, Trois-Rivières (Québec)
G8T 6W4 Canada

Édition originale sous le titre :
Learning to be Happy
Préparée par Philip Tait
Une version abrégée du classique
The Rare Jewel of Christian Contentment
Publié pour la première fois en 1648
© 1988 par Grace Publications Trust
7 Arlington Way, London EC1R 1XA, England

Pour l'édition française traduite et publiée avec permission :
Apprendre à être heureux
© 2017 Publications Chrétiennes, Inc.
230, rue Lupien, Trois-Rivières (Québec)
G8T 6W4 – Canada
Site Web : www.publicationschretiennes.com
Tous droits réservés.

Traduction : E. Richard Pigeon

À moins d'indications contraires, toutes les citations bibliques sont tirées de la Nouvelle Édition de Genève (Segond 1979) de la Société Biblique de Genève. Avec permission.

ISBN : 978-2-924773-05-5
Dépôt légal – 1er trimestre 2017
Bibliothèque et Archives nationales du Québec
Bibliothèque et Archives Canada

« Impact Héritage » est une marque déposée de Publications Chrétiennes, Inc.

Imprimé au Canada

TABLE DES MATIÈRES

---

1. Dans l'original, Jeremiah Burroughs inverse l'ordre des chapitres 9 et 10.

PRÉFACE

Le présent livre traite du sujet du bonheur. Non pas simplement d'un bonheur quelconque, mais du bonheur particulier
que l'on éprouve du fait d'être chrétien. Nous utilisons différents
mots pour décrire ce bonheur. De façon générale, je l'appelle « le
bonheur chrétien » ou seulement « le bonheur », mais nous ne
devons pas penser que cela signifie être heureux parce que nous
possédons tout ce que nous voulons. Nous utilisons parfois le mot
« joie », mais nous ne devons pas penser que cela signifie afficher
un large sourire, même si en réalité nous éprouvons de la tristesse.
Un autre mot pour « bonheur » est « contentement », mais nous
ne devons pas penser que cela signifie accepter avec un air maus-
sade la volonté de Dieu parce que nous n'avons aucun autre choix.
Tous ces mots décrivent la satisfaction intérieure profonde que
ressentent les chrétiens quant à ce que Dieu a fait pour eux. Cette
satisfaction intérieure leur permet de demeurer heureux, et de ne
pas commencer à se plaindre au sujet de Dieu, même lorsque les
circonstances semblent se dresser contre eux – tout comme une
famille heureuse demeure une famille heureuse même dans des
temps de tristesse parce que chaque membre de la famille est toujours satisfait de la compagnie des autres membres.

Ce livre est une version simplifiée et abrégée de *The Rare Jewel of Christian Contentment* (Le bijou rare du contentement chrétien), écrit par Jeremiah Burroughs (1599-1646). Le livre de Burroughs est une exposition de Philippiens 4.11. Sa méthode consiste à examiner le sujet du contentement chrétien selon différents aspects : il énonce un grand nombre de points, et répète souvent ce qu'il a dit dans un contexte différent. Par conséquent, quelques lecteurs pourraient trouver très déroutante la lecture de tout l'ouvrage original. La meilleure façon de procéder serait de lire et de méditer de petites portions à la fois.

Dans le présent livre, je m'en suis tenu strictement à l'ordre dans lequel Burroughs présente ses points, à l'exception des deux derniers chapitres. Dans ce cas, il me semble plus logique d'examiner comment obtenir le bonheur d'abord, et de poursuivre avec la façon de le conserver.

– Philip Tait, Wembley, septembre 1987

1

LE BONHEUR CHRÉTIEN

Nous aspirons tous à être heureux, mais nous ne trouvons pas cela facile. La difficulté tient au fait que nous voulons posséder tout ce qu'offre ce monde, convaincus que cela nous rendra heureux. L'apôtre Paul avait une attitude tout à fait différente. Il a écrit : « J'ai appris à être content dans l'état où je me trouve. Je sais vivre dans l'humiliation, et je sais vivre dans l'abondance. En tout et partout j'ai appris à être rassasié et à avoir faim, à être dans l'abondance et à être dans la disette » (Ph 4.11,12).

Dieu est la seule source du bonheur véritable. Il n'a pas besoin de quelque chose ou de quelqu'un pour le rendre heureux : avant même la création du monde, chacune des trois personnes de la Trinité était entièrement heureuse avec les autres. Ce que Dieu fait pour les chrétiens, c'est de les rendre aussi heureux que lui l'est.

Dieu doit intervenir, car les croyants ne sont pas assez puissants ou assez bons pour se rendre eux-mêmes heureux. Dieu leur donne tout ce dont ils ont besoin, comme Jean écrit : « Et nous avons tous reçu de sa plénitude, et grâce sur grâce » (Jn 1.16). Ainsi donc, les chrétiens peuvent être toujours heureux. Même s'ils possèdent très peu de ce que ce monde offre, ils ont les bénédictions spirituelles que Dieu leur donne. En Christ, ils possèdent tout ce dont ils ont besoin.

On nomme parfois ce bonheur chrétien le « contentement ».
Paul a écrit : « C'est, en effet, une grande source de gain que la
piété avec le contentement ; car nous n'avons rien apporté dans
le monde, et il est évident que nous n'en pouvons rien emporter ;
si donc nous avons la nourriture et le vêtement, cela nous suffira.
Mais ceux qui veulent s'enrichir tombent dans la tentation, dans
le piège, et dans beaucoup de désirs insensés et pernicieux qui
plongent les hommes dans la ruine et la perdition » (1 Ti 6.6-9).
Nous lisons également : « Ne vous livrez pas à l'amour de l'argent ;
contentez-vous de ce que vous avez ; car Dieu lui-même a dit : Je
ne te délaisserai point, et je ne t'abandonnerai point » (Hé 13.5).

   La première chose que nous pouvons dire au sujet du bonheur
chrétien est qu'il vient de l'intérieur. On peut donner l'impres-
sion que, puisque nous ne nous plaignons pas, nous sommes
heureux avec ce que Dieu nous a donné alors qu'au fond de nous-
mêmes, nous maugréons. Toutefois, Dieu discerne ce que nous
pensons vraiment. David a écrit : « Oui, mon âme, confie-toi en
Dieu ! Car de lui vient mon espérance » (Ps 62.6), car il savait
que c'était la seule façon qu'il pouvait être véritablement heureux.
De la même façon, cette confiance en Dieu, ce bonheur qui vient
de l'intérieur des chrétiens, influe sur tout leur être. David savait
que Dieu contrôle toutes choses, mais il pouvait tout de même
devenir déprimé en ne laissant pas cette vérité influencer véritablement sa façon de penser. C'est pourquoi il a écrit : « Pourquoi
t'abats-tu, mon âme, et gémis-tu au-dedans de moi ? » (Ps 42.6.)
À l'instar de David, nous devons fixer nos cœurs sur la sorte
de bonheur qui commence à l'intérieur et qui nous rend complètement heureux, tout comme la chaleur du corps se trouve
enfermée par un vêtement isolant qui nous garde complètement
au chaud. Et tout comme nous demeurons au chaud lorsque

nous revêtons un vêtement d'hiver, ainsi le bonheur chrétien est quelque chose qui demeure.

Une deuxième chose que l'on peut dire au sujet du bonheur chrétien, c'est qu'il ne disparaît pas lorsque les tragédies se produisent. Lorsqu'ils éprouvent des difficultés, les chrétiens sont attristés tout comme les autres personnes. Lorsque les autres éprouvent des difficultés, les chrétiens sont attristés avec eux. Les chrétiens prient pour eux-mêmes et pour ceux qui souffrent, et c'est bien d'agir ainsi, car le Seigneur Jésus, qui a souffert lorsqu'il était tenté, « peut secourir ceux qui sont tentés » (Hé 2.18). Tout en priant Dieu, les chrétiens matures qui éprouvent des problèmes ne maugréent pas. Lorsqu'ils sont tentés de murmurer, ils se contrôlent. Ils ne se plaignent pas au sujet de Dieu, mais ils poursuivent leur chemin en lui obéissant et en l'aimant. S'ils parlent de leurs problèmes, ils le font en prière, car ils croient encore que Dieu peut leur venir en aide.

Un troisième aspect important du bonheur chrétien correspond au fait qu'il est l'œuvre de Dieu. Il ne résulte pas d'un tempérament heureux naturellement ni du refus de s'impliquer dans le monde qui les entoure. Même les non-chrétiens réussissent à se ressaisir et s'efforcent de ne pas s'inquiéter. Mais le bonheur chrétien est bien plus que « s'efforcer de ne pas s'inquiéter ». Il comprend aussi un élément positif en ce que le chrétien veut être continuellement heureux, car cela glorifiera Dieu.

Ainsi donc, *une quatrième chose* que l'on peut dire au sujet du bonheur chrétien, c'est que le chrétien n'est vraiment heureux qu'en faisant la volonté de Dieu. Les chrétiens ne sont pas contraints d'obéir à Dieu. Ils le font de bon gré. Lorsqu'ils s'arrêtent pour y réfléchir, ils réalisent que rien ne les rend plus heureux que de se soumettre à la volonté de Dieu. Ils sont satisfaits de laisser Dieu planifier leur avenir, même si ses projets sont très différents de ce qu'ils avaient envisagé. En fait, ils préfèrent ses plans aux leurs, car ils savent que Dieu sait ce qui est le plus avantageux pour eux, mieux qu'eux-mêmes. Après tout, Dieu comprend mieux les chrétiens qu'ils se comprennent eux-mêmes !

Les non-chrétiens, qui croient que leur destin est dans leurs propres mains, ne peuvent que redouter ce que leur réserve l'avenir, car une erreur pourrait aboutir à une catastrophe. Les chrétiens, par contre, n'ont rien à craindre : ils peuvent confier leur futur à Dieu, et se réjouir de laisser Dieu les guider. Salomon a écrit : « Confie-toi en l'Éternel de tout ton cœur, et ne t'appuie pas sur ta sagesse ; reconnais-le dans toutes tes voies, et il aplanira tes sentiers » (Pr 3.5,6). Le fait de savoir que Dieu détient le contrôle rend les chrétiens heureux à la fois lorsqu'ils éprouvent des difficultés et, également par la suite, lorsqu'ils regardent en arrière et constatent comment Dieu les a conduits.

De plus, ce bonheur chrétien demeure quel que soit le genre de difficultés que l'on éprouve. Les chrétiens n'ont pas le droit de décider quelle sorte de souffrance ils devront endurer. Par exemple, ils ne peuvent dire qu'ils sont prêts à perdre leurs biens et non pas leur santé. Ils sont heureux, peu importe la sorte de souffrance qui surgit. Il se peut qu'une sorte de souffrance en suive une autre, de telle manière que toute leur vie semble tissée de problèmes. Mais dans leur for intérieur, ils sont encore véritablement heureux. Il se peut qu'il ne semble pas y avoir une fin à leurs problèmes, mais encore une fois, dans leur for intérieur, ils sont heureux. Et Dieu, qui a planifié toute leur vie pour eux, est glorifié en cela.

2

LE GRAND SECRET

Paul a écrit qu'il avait appris en quoi consiste le secret du contentement. Il s'agit d'un secret, car c'est quelque chose que bien des gens n'ont jamais appris et les non-chrétiens comprennent très difficilement ce qui rend les chrétiens heureux. Dans ce chapitre, nous allons examiner certaines choses au sujet du bonheur chrétien qui peuvent être vraiment intrigantes.

Tout d'abord, le bonheur chrétien est intrigant, car il comporte, d'une part, une entière satisfaction et, d'autre part, une profonde insatisfaction. Les chrétiens se réjouissent toujours de savoir que Dieu est avec eux, mais ils sont malheureux s'ils ne ressentent pas sa présence. Ils sont malheureux également lorsqu'ils se souviennent combien ils sont pécheurs, car c'est le péché qui les empêche de jouir de la communion avec Dieu. Ce n'est qu'au ciel qu'ils seront sans péché et qu'ils jouiront de la communion ininterrompue avec Dieu. Entre-temps, les choses que les non-chrétiens préfèrent ne peuvent les satisfaire. Le sentiment que Dieu les aime revêt une plus grande importance pour eux que tout ce que le monde offre. Asaph, l'auteur de plusieurs psaumes, a également éprouvé un sentiment semblable. Il a écrit : « Quel autre ai-je au ciel que toi ? Et sur la terre je ne prends plaisir qu'en toi » (Ps 73.25). Et ce sentiment d'être aimé de Dieu a gardé les chrétiens heureux même dans les épreuves les plus terribles.

Les chrétiens expérimentent également la paix que Dieu donne, une paix « qui surpasse toute intelligence » (Ph 4.7). L'ayant éprouvée une fois, ils ne peuvent être heureux sans elle, car ils savent qu'elle résulte du fait que le Seigneur Jésus-Christ, le Prince de paix, se tient près d'eux. Ils éprouvent cette paix lorsqu'ils lui obéissent. Les non-chrétiens, quant à eux, veulent la paix, mais ils ne veulent pas obéir au Seigneur Jésus. Ils devraient réaliser que ce sont les chrétiens qu'ils rencontrent qui sont les gens les plus heureux, satisfaits et paisibles. Et s'ils demandent pourquoi il en est ainsi, les chrétiens devraient répondre que c'est parce qu'ils sont les serviteurs du Prince de paix.

De nouveau, le bonheur chrétien intrigue le non-chrétien, car il ne résulte pas du fait d'obtenir davantage, mais de vouloir moins. Les non-chrétiens pensent qu'ils seront plus heureux s'ils possèdent davantage de biens pour en jouir. Les chrétiens savent que ces biens supplémentaires les rendront plus heureux seulement pour un peu de temps : les gens riches ne sont pas nécessairement des gens heureux. Les chrétiens découvrent que ce qui les rend heureux est de vouloir seulement les choses que Dieu choisit de leur donner. Leur bonheur ne dépend pas de l'argent dans leur compte en banque, mais de leur volonté d'être satisfaits avec ce que Dieu leur donne.

Une personne sera misérable si elle possède beaucoup de biens, mais en veut davantage. Une personne qui possède peu de choses, mais qui ne veut rien d'autre, sera heureuse. C'est comme quelqu'un qui a deux jambes courtes et qui se déplace beaucoup plus confortablement qu'une personne avec une jambe longue et une courte ! Voilà une leçon fort importante que doivent apprendre les chrétiens dans un temps où les non-chrétiens veulent – et obtiennent – toujours davantage de biens matériels. Les chrétiens doivent montrer aux autres comment être heureux en voulant moins plutôt qu'en possédant davantage.

Une troisième chose intrigante au sujet du bonheur chrétien est que, parfois, le moyen d'être heureux n'est pas de cesser de s'inquiéter, mais de commencer à s'inquiéter au sujet de quelque chose d'autre. Supposons que nous sommes malheureux en raison d'un problème qui nous préoccupe. Nous nous leurrons si nous pensons que la seule disparition du problème nous rendra heureux. Ce qui nous rend vraiment malheureux, c'est le péché. Si nous nous préoccupons davantage de cela, nos autres problèmes ne paraîtront pas aussi importants.

Les chrétiens risquent de commettre un péché particulier, celui d'oublier que tout ce qu'ils possèdent vient de Dieu. Ils oublient de le remercier, ou bien ils commencent à blâmer Dieu pour les choses dont ils souffrent. S'ils se souvenaient que Dieu les traite toujours mieux qu'ils ne le méritent, ils trouveraient plus facile d'être heureux, même dans les temps difficiles. Par exemple, si une famille se rend compte que ses plans d'avenir ne se matérialisent pas comme elle l'anticipait, ses membres pourraient être tentés de se quereller et de se blâmer les uns les autres. Mais les querelles sont un péché, et elles doivent cesser. Les membres de la famille doivent demander à Dieu de leur pardonner s'ils veulent être heureux à l'avenir.

Une autre chose au sujet du bonheur chrétien qui peut sembler vraiment intrigante est qu'un problème ne doit pas nécessairement disparaître pour que nous puissions être heureux. Dieu nous bénit parfois alors que nous souffrons. Paul a écrit : « Car la chair a des désirs contraires à ceux de l'Esprit, et l'Esprit en a de contraires à ceux de la chair ; ils sont opposés entre eux, afin que vous ne fassiez pas ce que vous voudriez » (Ga 5.17). Ce combat se déroule à l'intérieur de tout chrétien en tout temps. Parfois, un problème nous aide à triompher de la nature pécheresse et à nous rapprocher de Dieu. De cette façon, la souffrance devient une bénédiction.

Une cinquième chose intrigante au sujet du bonheur chrétien est qu'on l'obtient non pas en voulant ou en possédant davantage, mais en faisant davantage. Le chrétien dit : « Dieu est derrière ce qui m'est arrivé, et son intervention fait en sorte que je ne suis pas heureux comme je l'étais précédemment. Mais je ne dois pas me plaindre. Je dois rechercher de nouvelles façons de servir Dieu, et de trouver le bonheur en lui obéissant. » Les chrétiens seront plus heureux en servant Dieu là où ils se trouvent plutôt qu'en s'étirant pour obtenir ce qu'ils n'ont pas, comme des enfants qui essaient de toucher les nuages.

Une sixième chose intrigante au sujet du bonheur chrétien aux yeux des non-chrétiens est que les chrétiens sont heureux en apprenant à accepter que la volonté de Dieu est la meilleure. Lorsque les chrétiens apprennent cela, ils ne s'inquiètent pas de ne pas pouvoir obtenir précisément ce qu'ils voulaient. En effet, ils sont heureux de vouloir ce que Dieu veut, d'aimer ce qu'il aime, de détester ce qu'il déteste. Ils se disent : « Dieu m'a rendu spirituellement sage ; Dieu m'a sanctifié ; Dieu m'a enseigné à accepter que sa volonté est la meilleure. Et parce que Dieu est satisfait en cela et glorifié par cela, je suis heureux. »

Nous pouvons résumer les six choses intrigantes précédentes en disant que ce qui rend le chrétien heureux est le fait que Dieu le sanctifie, et que son bonheur dépend donc de ce que Dieu fait. Lorsque Jacques écrit : « D'où viennent les luttes, et d'où viennent les querelles parmi vous ? N'est-ce pas de vos passions qui combattent dans vos membres ? » (4.1), il démontrait que ce qui cause le mécontentement entre les chrétiens est le péché dans leurs vies. Si nous nous débarrassons de ces passions coupables qui mènent à l'impiété, nous serons beaucoup plus heureux. En somme, le véritable bonheur n'est pas le résultat de ce que nous possédons, mais de la sorte d'individus que nous sommes.

Ainsi donc, ceux qui jouissent de ce véritable bonheur, qui sont heureux en eux-mêmes car ils sont pieux, se rendent compte qu'ils sont satisfaits avec tout ce que Dieu leur envoie. Les chrétiens, en effet, savent que tout ce qu'ils possèdent est un don de Dieu – la santé, un foyer, la nourriture, les vêtements, les amis, la famille, un emploi, des circonstances opportunes, des loisirs. Chacun de ces biens est un don de Dieu, un gage de son amour. Ainsi donc, les chrétiens sont satisfaits de tous ces dons, et heureux de les recevoir. Il se peut qu'ils possèdent moins que certains non-chrétiens, mais ils sont plus reconnaissants pour ce qu'ils ont, car ils savent qu'il vaut mieux posséder peu et être un enfant de Dieu que de posséder beaucoup et être sous le jugement de Dieu. Qui plus est, les chrétiens savent que tous les gages de l'amour de Dieu qu'ils reçoivent sont semblables à un dépôt ou à une garantie que, dans la vie à venir, Dieu leur donnera toutes les bonnes choses qu'il a promises. Tout ce qu'il leur donne les rend heureux et leur rappelle combien plus heureux ils seront au ciel.

De nouveau, les croyants qui sont heureux en eux-mêmes parce qu'ils sont pieux découvrent qu'ils sont plus encouragés dans la souffrance en pensant au Seigneur Jésus qu'ils le seraient en se plaignant. Ils lisent le Nouveau Testament et constatent combien le Seigneur Jésus a souffert, et ils savent que le Seigneur sympathise avec eux lorsqu'ils souffrent parce que lui sait ce que c'est que de souffrir. Le Seigneur Jésus a souffert toutes les agonies physiques, matérielles, émotionnelles et spirituelles. Par exemple, il a été pauvre, il peut donc réconforter les chrétiens qui sont pauvres ; on l'a maltraité, il peut donc réconforter les chrétiens qui sont victimes d'injustices ; on l'a torturé, il peut donc réconforter les chrétiens qui lui demandent de la force dans les souffrances. Le Seigneur a promis : « Si tu traverses les eaux, je serai avec toi » (És 43.2). Les chrétiens peuvent craindre de mourir, mais ils prennent courage lorsqu'ils pensent à la mort du Seigneur Jésus, et particulièrement lorsqu'ils se souviennent qu'il est ressuscité d'entre les morts.

Il s'agit là de la seule façon que les chrétiens peuvent obtenir de la force lorsqu'ils souffrent. Ils se tournent vers Christ qui a le pouvoir de pardonner leurs péchés, de les sanctifier et de les aider dans toutes leurs épreuves. En écrivant à des chrétiens qui devaient supporter de très grandes épreuves, Paul leur a dit qu'ils devaient se confier non pas en leurs propres ressources, mais en la force que Christ donne. Il priait pour qu'ils soient « fortifiés à tous égards par sa puissance glorieuse ». Ainsi, cela leur permettrait d'être « persévérants et patients » (Col 1.11).

Finalement, quiconque est heureux intérieurement parce qu'il est pieux découvre que le bonheur suprême résulte de la connaissance de Dieu. L'auteur des Lamentations avait toutes les raisons de se sentir déprimé, alors que la ville de Jérusalem venait de tomber entre les mains d'un ennemi, et il semblait qu'il n'y avait aucun avenir pour le peuple de Dieu. Mais, sachant que la seule vraie source du bonheur était Dieu lui-même, il a donc écrit : « L'Éternel est mon partage, dit mon âme ; c'est pourquoi je veux espérer en lui » (La 3.24). Nous avons vu que Dieu donne aux chrétiens tout ce qu'ils possèdent. Les choses qu'il leur donne les rendent heureux, tout comme des conduits apportent de l'eau. Or, parfois l'approvisionnement est coupé, et l'eau doit être puisée directement du puits. De la même façon, lorsque les choses que Dieu donne ne sont plus là, nous devons aller à la source du bonheur, à Dieu lui-même. À mesure que le temps passe, les chrétiens découvrent de plus en plus que la source du bonheur véritable est

Dieu lui-même. Au ciel, il sera la seule source de bonheur : « Je ne vis pas de temple dans la ville ; car le Seigneur Dieu tout-puissant est son temple, ainsi que l'Agneau. La ville n'a besoin ni de soleil ni de la lune pour l'éclairer ; car la gloire de Dieu l'éclaire, et l'Agneau est son flambeau » (Ap 21.22,23). Même ici sur la terre, nous pouvons commencer à expérimenter ce bonheur qui trouve sa source en Dieu seul.

Le Seigneur Jésus résume les choses que nous avons apprises dans ce chapitre : « Le royaume de Dieu ne vient pas de manière à frapper les regards. On ne dira point : Il est ici, ou : Il est là. Car voici, le royaume de Dieu est au milieu de vous » (Lu 17.20,21). Les chrétiens ont hâte d'être au ciel, mais, d'une certaine façon, ils jouissent déjà du ciel. Ils savent qu'ayant goûté au ciel dans cette vie, ils en jouiront pleinement lorsqu'ils y seront. Entre-temps, tout ce dont ils jouissent de Dieu les satisfait entièrement, car Christ peut combler tous leurs besoins.

Toutefois, on éprouve cette sorte de bonheur seulement lorsqu'il y a une paix intérieure, comme dans une famille heureuse où se trouve la paix dans le foyer. Le non-chrétien n'est pas en paix et ne peut donc être heureux, comme dans le cas d'une famille qui est malheureuse, car les querelles sont fréquentes.

Les chrétiens savent que le fait de posséder cette paix et ce bonheur en eux-mêmes est un signe qu'ils jouiront de la paix et du bonheur célestes. Cette connaissance permet à certains chrétiens de mourir courageusement plutôt que de renier leur foi, alors qu'ils ont hâte d'être au ciel. L'apôtre Paul a écrit : « C'est pourquoi nous ne perdons pas courage. Et même si notre homme extérieur se détruit, notre homme intérieur se renouvelle de jour en jour. Car nos légères afflictions du moment présent produisent pour nous, au-delà de toute mesure, un poids éternel de gloire, parce que nous regardons, non point aux choses visibles, mais à celles qui sont invisibles ; car les choses visibles sont passagères, et les invisibles sont éternelles » (2 Co 4.16-18).

Dans le prochain chapitre, nous examinerons pourquoi les chrétiens peuvent être assurés que Dieu fera ce qu'il a promis.

3

LES PROMESSES DE DIEU

Dieu a fait de grandes promesses à tous ceux qui croient en Jésus-Christ. Réfléchir à la certitude de ce que Dieu a promis aide à rendre les chrétiens heureux.

Dieu, qui est juste, ne peut ignorer le péché. Mais il est également un Dieu qui aime, qui a eu de la pitié pour les pécheurs. Il a voulu les sauver du châtiment qu'ils méritaient, et parce qu'ils ne pouvaient s'aider eux-mêmes, il a décidé de les aider et d'être miséricordieux envers certains et de les sauver. Ainsi donc, il a envoyé son Fils, le Seigneur Jésus-Christ, qui a accepté de devenir un homme et de vivre une vie d'obéissance parfaite à Dieu, son Père. L'obéissance du Fils est créditée au compte du peuple de Dieu. Le Seigneur Jésus a été mis à mort en étant crucifié ; il a pris sur lui-même le châtiment que méritait le peuple de Dieu pour leur péché. Nous pouvons donc dire que Dieu a promis de créditer l'obéissance de Christ au compte des chrétiens, de prendre leur culpabilité et de la mettre sur Christ, et de leur donner la vie éternelle. Le Saint-Esprit leur donne une vie nouvelle. Il les amène à croire au Seigneur Jésus-Christ, leur donne l'assurance du salut et les fortifie afin qu'ils puissent vaincre l'influence du péché.

Les promesses de Dieu sont le résultat de sa grâce, en ce sens qu'elles sont données à ceux qui ne les méritent pas. Et les choses que Dieu promet de donner sont pour toute l'éternité : la mort de Christ a obtenu le salut assuré et éternel de son peuple, et il ne permettra pas que ses rachetés soient perdus. Les promesses sont données aux chrétiens individuellement, et les choses que Dieu promet leur sont données à titre personnel.

Les promesses que Dieu a données encouragent grandement les chrétiens. Il a promis de sauver tous les siens, ce qui leur procure un sentiment de sécurité et les rend très heureux. Il a promis que le diable ne les vaincra jamais, et ceci les rassure également, même lorsqu'ils doivent affronter des difficultés et des déceptions. Et si le futur est incertain, ils sont heureux parce qu'ils savent que Dieu respectera ses promesses. David avait une entière confiance dans la fidélité de Dieu, et il savait que Dieu tiendrait parole : « N'en est-il pas ainsi de ma maison devant Dieu, puisqu'il a fait avec moi une alliance éternelle, en tous points bien réglée et offrant pleine sécurité ? Ne fera-t-il pas germer tout mon salut et tous mes désirs ? » (2 S 23.5.) Et les chrétiens aujourd'hui, encore plus que David, sont assurés que Dieu tiendra sa parole. Ils considèrent l'œuvre du Seigneur Jésus qui leur a apporté tout ce que Dieu a promis. Dans l'Ancien Testament, le peuple d'Israël pouvait se réjouir, car Dieu avait promis d'user de bonté envers la nation. Or, les chrétiens aujourd'hui peuvent se réjouir dans les meilleures choses que Dieu a faites pour eux comme individus (Hé 8).

En plus de la promesse du salut, Dieu a fait de nombreuses autres promesses merveilleuses. Toutes ces promesses doivent être comprises à la lumière des grandes promesses faites par Dieu au sujet du salut, car il est inutile de penser que les interprétations littérales épuisent la signification de telles promesses. À titre d'exemple, le Psaume 91 contient des promesses indiquant que l'homme de Dieu ne souffrira pas de maladie, d'accidents ou de mal. Les chrétiens qui endurent la souffrance peuvent se demander si ce psaume s'adresse à eux. Il se peut que les Israélites aient eu le droit de s'attendre à des bénédictions physiques et externes s'ils obéissaient ; à coup sûr, les bénédictions promises et les menaces de malédictions dans la loi de Moïse suggèrent que c'était le cas. Mais les promesses des versets 9 et 10, « Car tu es mon refuge, ô Éternel ! Tu fais du Très-Haut ta retraite. Aucun malheur ne t'arrivera, aucun fléau n'approchera de ta tente », ne devraient pas être comprises comme signifiant que les chrétiens ne souffriront jamais. Elles leur enseignent plutôt d'avoir confiance que Dieu veille sur eux en tout temps et les garde du mal.

Dieu peut employer des épreuves pour discipliner les chrétiens, comme un père punit ses enfants : ceci prouve qu'ils sont les enfants de Dieu. Il a le droit de leur donner tout ce que bon lui semble, et de leur enlever tout ce que bon lui semble ; mais c'est toujours pour leur bien. S'il leur arrive quelque chose qui semble leur nuire, ils peuvent être assurés que cela fait partie des plans de Dieu pour leur bien. Ainsi donc, aucun mal véritable, aucun mal spirituel ni aucun mal éternel ne peuvent leur arriver.

Parmi les promesses de l'Ancien Testament que les chrétiens peuvent appliquer à eux-mêmes, nous trouvons celles d'Ésaïe 43.2 et de Josué 1.5. L'auteur de l'épître aux Hébreux cite la promesse de Josué avec beaucoup de fermeté, comme si Dieu disait : « Je ne te délaisserai point, et je ne t'abandonnerai point » (Hé 13.5).

Dieu a fait ces promesses et plusieurs autres semblables. Elles dirigent toute notre attention vers le ciel, et nous enseignent que nous pouvons nous réjouir dès maintenant de notre place au ciel. Cela ressemble aux pêcheurs sur la mer houleuse qui sont réconfortés en pensant au rivage.

4

L'ÉCOLE DU BONHEUR

Dans ce chapitre, nous allons à l'école, mais non pas pour étudier les mathématiques, les sciences ou la géographie. Christ est l'enseignant, et il nous enseignera comment être heureux. Le cours comporte dix leçons. Les chrétiens qui s'appliquent à ce cours vont découvrir qu'ils peuvent être véritablement heureux, peu importe ce qui leur arrive. Et souvenez-vous : non seulement Christ est l'enseignant, mais sa vie est l'exemple parfait du bonheur dans toutes les circonstances.

Leçon 1 – Renoncez à vous-même !

Être chrétien est coûteux. Les chrétiens qui prétendent autrement ne disent pas la vérité. Jésus a été très catégorique à ce sujet ; il a dit : « Si quelqu'un veut venir après moi, qu'il renonce à lui-même, qu'il se charge chaque jour de sa croix, et qu'il me suive. Car celui qui voudra sauver sa vie la perdra, mais celui qui la perdra à cause de moi la sauvera » (Lu 9.23,24). Christ lui-même enseigne aux chrétiens comment renoncer à eux-mêmes. Il leur enseigne qu'ils sont indignes de l'attention de Dieu, qu'ils ne méritent rien sinon la colère de Dieu contre leur péché, qu'ils ne peuvent rien faire sans son aide. Les chrétiens se rendent compte, lorsque des choses qu'ils aiment leur sont enlevées, qu'ils n'ont droit à rien de la part de Dieu parce qu'ils font tellement peu pour lui.

Christ leur enseigne qu'ils sont tellement pécheurs qu'ils vont probablement gaspiller les bonnes choses qu'il leur donne. Et même s'il bénit les chrétiens et leur permet de bien utiliser ces choses, ils en feront un mauvais usage à coup sûr s'il les laisse seuls. Il leur enseigne que, s'ils meurent, leur œuvre ne s'effondra pas ; Dieu peut facilement désigner une autre personne pour prendre la relève. Comprendre ces choses, voilà ce que signifie renoncer à soi-même. Nous devrions faire de grands efforts pour comprendre combien insignifiants nous sommes. Alors toutes les difficultés paraîtront petites et toutes les bénédictions paraîtront grandes.

Leçon 2 – Le renoncement personnel de Christ

Personne n'a jamais renoncé à lui-même comme Christ l'a fait. Ésaïe a écrit : « Il a été maltraité et opprimé, et il n'a point ouvert la bouche, semblable à un agneau qu'on mène à la boucherie, à une brebis muette devant ceux qui la tondent ; il n'a point ouvert la bouche » (És 53.7). Ésaïe prophétisait comment Christ se soumettrait à la mort comme un sacrifice pour les péchés de son peuple. Paul a écrit à son sujet : « Il s'est dépouillé lui-même, en prenant une forme de serviteur, en devenant semblable aux hommes ; et il a paru comme un vrai homme, il s'est humilié lui-même, se rendant obéissant jusqu'à la mort, même jusqu'à la mort de la croix (Ph 2.7,8). Et pourtant, il a été la personne la plus satisfaite qui a jamais vécu.

Plus les chrétiens suivront l'exemple de renoncement personnel de Christ, plus ils seront heureux. Christ s'est réjoui de faire la volonté de son Père. Les chrétiens, eux, doivent apprendre que, si les personnes égoïstes ne peuvent être heureuses que si Dieu fait ce qu'elles veulent, les personnes qui renoncent à elles-mêmes sont heureuses peu importe ce que Dieu fait.

Leçon 3 – Rien ne peut satisfaire sans Dieu

« Tout est vanité », dit le Prédicateur. « Quel avantage revient-il à l'homme de toute la peine qu'il se donne sous le soleil ? » (Ec 1.2,3.) Ceux qui sont malheureux avec les choses qu'offre ce monde ne sont pas malheureux, comme ils le pensent, parce qu'ils n'en possèdent pas suffisamment, mais parce que les choses du monde ne peuvent simplement pas procurer le bonheur. L'humanité a été faite pour connaître et jouir de Dieu. Le grand théologien Augustin a écrit : « Tu nous as créés pour toi-même, et nos cœurs sont agités aussi longtemps qu'ils ne se reposent pas en toi. »

Les gens malheureux qui pensent que posséder plus de biens les satisfera sont comme des personnes affamées qui croient que de grandes inspirations d'air feront cesser les contractions de leur estomac. « Pourquoi pesez-vous de l'argent pour ce qui ne nourrit pas ? Pourquoi travaillez-vous pour ce qui ne rassasie pas ? » (És 55.2.) Il ne vaut pas la peine de posséder quoi que ce soit sans Dieu.

Leçon 4 – Christ est celui qui satisfait

Jésus-Christ a enseigné que lui-même rend les gens véritablement heureux. Il a dit : « Moi, je suis le pain vivant qui est descendu du ciel. Si quelqu'un mange de ce pain, il vivra éternellement » (Jn 6.51). Il a également dit : « Si quelqu'un a soif, qu'il vienne à moi et qu'il boive. Celui qui croit en moi, des fleuves d'eau vive couleront de son sein, comme dit l'Écriture » (Jn 7.37). Manger du pain et boire de l'eau sont les besoins les plus fondamentaux de nos corps. Jésus enseignait qu'il satisfaisait les besoins les plus fondamentaux de nos âmes, tout comme le prophète Ésaïe avait prophétisé : « Écoutez-moi donc, et vous mangerez ce qui est bon, et votre âme se délectera de mets succulents » (És 55.2). Jésus a promis que son peuple aurait « la vie, et la vie en abondance » et que leur joie serait parfaite (Jn 10.10 ; 16.24).

Leçon 5 – Soyez un voyageur et un combattant !

Les chrétiens sont des voyageurs. Ils ne font que traverser ce monde, séjournant seulement dans leurs corps. Ils se préparent pour une éternité dans le ciel lorsque Dieu leur donnera des corps parfaits en résurrection. Il est donc insensé d'être un peu trop malheureux quant à l'état de nos corps actuels. Nous lisons dans l'épître aux Hébreux que les croyants « *[reconnaissaient]* qu'ils étaient étrangers et voyageurs sur la terre », ils désiraient une meilleure patrie, c'est-à-dire une patrie céleste. « C'est pourquoi Dieu n'a pas honte d'être appelé leur Dieu, car il leur a préparé une cité » (Hé 11.13,16). Les chrétiens doivent apprendre à penser ainsi. Les voyageurs qui sont loin de leur foyer acceptent certains inconvénients, tels que de la nourriture de moins bonne qualité ou des conditions de déplacement difficiles. Les chrétiens ont une demeure éternelle, et les ennuis de leur séjour sur terre ne devraient pas les inquiéter outre mesure.

Les chrétiens sont également des combattants. Paul a écrit à Timothée : « Souffre avec moi, comme un bon soldat de Jésus-Christ » (2 Ti 2.3). Un soldat qui est loin de la maison, qui prend part à des exercices militaires ou qui est en service actif ne s'attend pas de jouir du confort d'un foyer. Les croyants sont des soldats qui combattent le diable, l'ennemi de leurs âmes. Ils doivent être prêts à s'habituer aux privations. Ils doivent se rappeler que la vie chrétienne est un long combat, et que les difficultés sont inévitables. Toutefois, alors que le soldat ne peut savoir qui gagnera la guerre à la fin, les chrétiens peuvent être assurés que Jésus-Christ fera en sorte qu'ils seront enfin victorieux.

Leçon 6 – Profitez des bons moments

Les hommes et les femmes peuvent jouir de toute la création de Dieu sur terre. Ils peuvent être véritablement heureux, sachant que tout ce qu'ils possèdent vient de Dieu, et être reconnaissants envers lui. Les chrétiens voient les choses que Dieu a faites, et ils constatent que Dieu est bon. Ainsi, les choses qu'il a faites les rendent heureux. Mais ils doivent réaliser que leurs biens ne sont pas les choses les plus importantes que Dieu leur a données, et qu'ils peuvent devoir s'en passer si telle est la volonté de Dieu. Celui-ci peut appeler les chrétiens à le servir dans des temps difficiles. Il se peut aussi que ce soit dans des temps propices au service et, si c'est le cas, il veut que les chrétiens profitent des bonnes choses qu'il donne. Dieu choisira toutefois ce qu'il y a de mieux pour ses enfants, et ils doivent apprendre à être heureux avec cela. Un employé qui refuse d'occuper un autre poste, si son patron le lui demande, ne fera pas plaisir à la direction !

Leçon 7 – Connaissez-vous vous-même !

Les chrétiens devraient s'étudier eux-mêmes, et découvrir quels sont leurs désirs les plus profonds. Ils apprendront ainsi que ce ne sont pas les circonstances de leurs vies qui les rendent malheureux, mais l'état de leurs cœurs. La cause véritable du mécontentement est souvent le péché. Les chrétiens qui se connaissent peuvent refréner le péché dès le départ, et s'épargner beaucoup d'insatisfaction.

Les chrétiens qui ne se connaissent pas eux-mêmes deviendront fort probablement très craintifs lorsque les problèmes surgiront. Ils commenceront à dire : « Peut-être que Dieu m'a oublié ! » Mais s'ils savent qu'ils doivent devenir humbles, ils comprendront que Dieu leur envoie des difficultés pour les éprouver ou pour les discipliner. Un médicament avec des effets secondaires désagréables peut vous sauver la vie, et une expérience qui comporte quelques désagréments peut vous mettre à l'abri du péché.

À mesure que les chrétiens grandissent dans la connaissance d'eux-mêmes, leurs prières s'améliorent. Les chrétiens immatures qui ne comprennent pas leurs propres cœurs prient pour des choses inutiles, et puis deviennent déprimés parce qu'ils n'obtiennent pas tout ce qu'ils veulent.

Leçon 8 – Méfiez-vous des richesses !

Les chrétiens portent souvent envie à ceux qui sont riches, et ne voient pas les problèmes qu'engendrent les richesses. « Car l'amour de l'argent est une racine de tous les maux ; et quelques-uns, en étant possédés, se sont égarés loin de la foi, et se sont jetés eux-mêmes dans bien des tourments » (1 Ti 6.10). Des souliers neufs peuvent sembler beaux, mais celui qui les porte sait combien ils sont serrés ; une cité peut sembler belle, mais ses habitants connaissent les conditions sordides de ceux qui vivent dans ses bidonvilles ; et des gens peuvent être riches et prospères extérieurement, mais tristes à l'intérieur.

Les gens qui sont riches ou célèbres doivent souvent faire face à des afflictions et à des problèmes. La prospérité peut engendrer des ennuis. La prospérité peut engendrer des tentations : Jésus a dit qu'il était très difficile pour les gens riches d'entrer dans le royaume des cieux. De plus, les gens riches et importants devront un jour rendre compte à Dieu de leur utilisation de leurs richesses ou de leur renommée.

Leçon 9 – Méfiez-vous d'obtenir ce que vous voulez !

À plusieurs endroits dans la Bible, nous lisons au sujet de gens qui obtiennent ce qu'ils veulent. Les choses que les gens veulent démontrent souvent leur égoïsme, et cela ne leur serait pas avantageux de les obtenir. Ainsi, lorsque Dieu leur donne ce qu'ils veulent, c'est une punition sévère. « Mais mon peuple n'a point écouté ma voix, Israël ne m'a point obéi. Alors je les ai livrés aux penchants de leur cœur, et ils ont suivi leurs propres conseils » (Ps 81.12,13).

Bernard (1090-1153), abbé de Clairvaux, a dit : « Ne permet pas que je devienne à ce point misérable en me donnant ce que je veux avoir, en me donnant ce que mon cœur désire ; c'est un des jugements les plus terribles au monde. » Apprendre que nos désirs naturels peuvent nous égarer est une des plus difficiles, mais une des plus importantes leçons à l'école de Christ.

Leçon 10 – Dieu contrôle tout !

Dieu domine sur l'univers entier, et ceci comprend même les plus petits détails qui ne lui échappent pas. Ainsi donc, tout ce qui arrive aux chrétiens est le résultat de la volonté de Dieu à leur égard, et parce qu'il sait que ce sera bon pour eux. Jésus encourage ses disciples en leur rappelant cela. Il a dit : « Ne vend-on pas cinq passereaux pour deux sous ? Cependant, aucun d'eux n'est oublié devant Dieu. Et même vos cheveux sont tous comptés. Ne craignez donc point : vous valez plus que beaucoup de passereaux » (Lu 12.6,7).

Les chrétiens devraient prier pour que Dieu augmente leur foi, afin qu'ils apprécient ses soins en planifiant tout ce qui leur arrive. Ils devraient se rappeler qu'ils ne peuvent tout simplement pas comprendre tout ce que Dieu fait pour eux. Tout ce qu'ils savent, c'est que Dieu a un but à atteindre dans leurs vies vingt ans plus tard qui dépend de quelque chose qui se passe cette semaine. S'ils résistent à sa volonté cette semaine, ils résistent à sa volonté pour toutes les autres choses qui dépendent de cette semaine.

Dieu travaille de diverses façons. Comprendre cela aide les chrétiens à être heureux. Voici deux choses en particulier qu'ils peuvent apprendre sur la façon que Dieu travaille.

Premièrement, il est normal pour le peuple de Dieu de souffrir. Les non-chrétiens pensent que s'il y a vraiment un Dieu et que ces gens lui appartiennent vraiment, alors ils ne devraient pas souffrir. Mais l'inverse est vrai : le fait qu'ils souffrent prouve qu'ils appartiennent à Christ. Pierre a écrit : « Mes bien-aimés, ne trouvez pas étrange d'être dans la fournaise de l'épreuve, comme s'il vous arrivait quelque chose d'extraordinaire. Réjouissez-vous, au contraire, de la part que vous avez aux souffrances de Christ, afin que vous soyez aussi dans la joie et dans l'allégresse lorsque sa gloire paraîtra » (1 Pi 4.12,13).

Deuxièmement, Dieu peut produire un grand bien d'un grand mal. Souvent, Dieu fait traverser de grandes épreuves aux siens avant d'être particulièrement bon envers eux. Joseph fut un prisonnier avant de devenir gouverneur de l'Égypte ; David était pourchassé avant d'être le roi d'Israël ; et Jésus-Christ lui-même a souffert et est mort avant d'être ressuscité d'entre les morts et d'être glorifié. Luther a dit : « Ce sont les voies de Dieu ; il abaisse afin d'élever ; il fait mourir afin de rendre vivant ; il remporte la victoire afin d'être glorifié. »

5

LE BONHEUR EST UNE
BONNE CHOSE POUR VOUS

Le bonheur est une bonne chose pour vous. Dans ce chapitre, nous allons examiner pourquoi un chrétien heureux est un chrétien béni.

Premièrement, les chrétiens heureux adorent Dieu comme il doit être adoré. La véritable adoration ne consiste pas seulement à être présents à des services et à dire nos prières. Il est possible d'adorer, mais avec un cœur si mécontent que nous n'avons pas vraiment adoré Dieu du tout. Dieu veut que les chrétiens l'adorent avec tout ce qu'ils possèdent et tout ce qu'ils sont. Alors, et alors seulement, ils lui plaisent véritablement et l'adorent vraiment. L'adoration, c'est faire ce que Dieu veut ; c'est également être heureux avec ce que Dieu nous donne. L'adoration et le bonheur vont de pair.

Deuxièmement, les chrétiens heureux sont ceux qui font le meilleur usage des dons spirituels que Dieu leur donne, tels que la foi, l'humilité, l'amour, la patience, la sagesse et l'espérance. Dieu veut voir ces dons croître chez ceux qui lui appartiennent, parce que la vie des chrétiens heureux a souvent une influence utile sur les non-chrétiens. À titre d'exemple, il est inhabituel de rencontrer des gens qui souffrent sans se plaindre : les chrétiens qui agissent ainsi offrent un bon témoignage qui glorifie Dieu.

Aussi, on peut dire *troisièmement* que les chrétiens heureux glorifient Dieu. La nature glorifie Dieu, parce qu'il l'a créée. De même, les chrétiens qui demeurent heureux malgré leurs épreuves le glorifient, car il les a rendus ainsi. Lorsque les incrédules voient les croyants heureux dans des temps difficiles, ils sont convaincus que Dieu est à l'œuvre.

Quatrièmement, les chrétiens heureux sont ceux pour qui Dieu est le plus gracieux. S'ils veulent que Dieu soit bon à leur égard, ils doivent demeurer calmement heureux. Ils ne doivent pas se conduire comme des enfants gâtés, qui poussent des cris et hurlent jusqu'à ce qu'ils obtiennent ce qu'ils veulent. Les parents sages laisseront l'enfant crier et ne lui donneront rien jusqu'à ce qu'il se calme. Les chrétiens qui prient pour quelque chose et se mettent ensuite en colère, parce qu'ils ne l'obtiennent pas immédiatement, découvrent souvent que Dieu attend qu'ils soient calmes et soumis avant de leur donner ce dont ils ont besoin. Un prisonnier enchaîné ne fera que se blesser en se débattant avec colère. Il doit être calme afin de permettre à quiconque de le libérer.

Cinquièmement, les chrétiens heureux sont les chrétiens les plus utiles. Les gens instables et agités sont incompétents pour servir Dieu. Seulement lorsque Dieu par son Esprit les calmera seront-ils prêts à travailler pour lui. Or, tous les chrétiens sont appelés à travailler pour Dieu, non pas seulement les conducteurs ou ceux avec une formation spéciale. Ils ne devraient pas penser que, puisqu'ils sont seulement des gens ordinaires, ils sont inutiles pour Dieu. Ils ne devraient pas croire non plus que seules les choses qui sont faites publiquement constituent le véritable service pour Dieu. La seule chose qui leur est nécessaire pour servir Dieu est un contentement spirituel intérieur.

Sixièmement, les chrétiens heureux sont mieux équipés pour résister aux tentations. Les gens qui se plaignent s'égarent facilement. Le diable aime les chrétiens qui s'inquiètent, et lorsqu'ils affrontent la souffrance, il fait de son mieux pour les convaincre que c'est injuste. Ces chrétiens sont alors convaincus que cela ne devrait pas leur arriver. Le diable peut aussi inciter les chrétiens pauvres à voler, et les chrétiens lésés à se venger. Ceux qui sont heureux de ce que Dieu leur envoie sont à l'abri de telles tentations.

Septièmement, les chrétiens heureux sont ceux qui jouissent pleinement de la vie maintenant sur terre. Parfois, les gens qui ont peu de biens sont plus heureux que ceux qui en ont beaucoup parce qu'ils ont appris comment être satisfaits avec ce qu'ils possèdent, tout comme une nation satisfaite du territoire qu'elle occupe est plus heureuse qu'une autre qui va continuellement en guerre.

Finalement, les chrétiens heureux sont ceux qui attendent avec impatience de recevoir les récompenses que Dieu a promises. Dieu récompense chacun pour ses œuvres. Dieu récompensera les chrétiens pour leurs bonnes œuvres, et même pour les bonnes intentions qu'ils n'ont pu réaliser. Il punira les personnes méchantes pour leurs œuvres méchantes, incluant les projets méchants qu'elles ont formés sans réussir à les exécuter. Ainsi donc, les chrétiens qui souffrent à cause de Christ sans s'aigrir dans l'épreuve peuvent être assurés qu'ils ne perdront pas leur récompense.

6

VOUS PLAINDRE EST MAUVAIS POUR VOUS

Dans les cinq premiers chapitres de ce livre, nous avons considéré le bonheur chrétien sous différents aspects afin d'apprendre en quoi il consiste et pourquoi il est si important. Dans la seconde partie du livre, nous allons apprendre comment vivre des vies chrétiennes heureuses. L'opposé du bonheur est un esprit amer, mécontent qui voit le mauvais côté de toutes choses.

Dans le présent chapitre, nous allons examiner ce qu'il y a de mal avec le fait de se plaindre, et nous découvrirons que c'est à la fois un péché et une action inutile. Au chapitre 7, nous verrons quelques situations dans lesquelles se plaindre est particulièrement sérieux ; au chapitre 8, nous considérerons quelques-unes de nos excuses habituelles pour nous plaindre. Alors, nous serons prêts pour voir comment obtenir le bonheur et demeurer heureux.

Premièrement, se plaindre est mauvais pour nous, car lorsque nous sommes engagés sur cette pente, les choses ne font qu'empirer. Un esprit qui se plaint ressemble à une mauvaise blessure qui s'est infectée. On ne peut traiter la chair infectée ; elle doit être coupée, sinon l'infection se transmettra à tout le corps. Un penchant à se plaindre, s'il n'est pas enrayé, se propagera à toute notre vie et ravagera tout. *Deuxièmement*, pourquoi se plaindre est-il si sérieux ? Parce que se plaindre est un péché. Dans Jude 14-16, les « gens qui murmurent, qui se plaignent de leur sort » apparaissent en premier lieu dans la liste des impies que Dieu jugera. Se plaindre est un péché : Dieu jugera de telles personnes. Quelle pensée sérieuse !

Troisièmement, se plaindre implique une rébellion contre Dieu. Lorsqu'ils étaient dans le désert, les Israélites se sont plaints maintes et maintes fois. Dieu les avait délivrés de l'esclavage en Égypte, mais ils n'ont pas été heureux et reconnaissants très longtemps. Et chaque fois qu'ils murmuraient, Dieu considérait leurs murmures comme lui étant adressés personnellement (No 14.26-29). Dans Nombres 16, le peuple murmura contre Moïse et Aaron, mais Dieu considéra ces murmures comme lui étant adressés, et les rebelles furent châtiés terriblement. Se plaindre est une chose sérieuse, et on doit régler ce problème avant qu'un tel esprit se propage aux autres.

Quatrièmement, se plaindre est particulièrement sérieux pour ceux qui font partie du peuple de Dieu parce que cela contredit tout ce qui est arrivé lorsque Dieu les a convertis. Il leur a fait voir leur péché et reconnaître leur culpabilité. Ces chrétiens peuvent-ils laisser des choses moins importantes les rendre malheureux ? Dieu leur a montré l'amour merveilleux de Christ, sa bonne volonté de quitter son Père et les gloires célestes, sa patience en acceptant les limites d'un corps humain, son humble soumission, sa vie parfaite et sa mort sans péché. Peuvent-ils vraiment oublier toutes ces choses ? Il les a affranchis du besoin de posséder des choses matérielles pour les rendre heureux : vont-ils vraiment se plaindre de cette libération ?

Christ est maintenant le Seigneur et le Roi des chrétiens : vont-ils vraiment rejeter son autorité en se plaignant à son sujet ? Dieu les a amenés à se soumettre à sa volonté : si maintenant ils se plaignent, ceci suggère qu'ils ne se sont jamais véritablement soumis et qu'ils ne sont peut-être pas des chrétiens du tout. Les chrétiens doivent se souvenir de ce que Dieu a fait pour eux ainsi que de son amour, son pardon, son don d'une nouvelle vie. Ils doivent se souvenir qu'il les a convertis précisément afin qu'ils vivent dans la lumière de toutes ces choses jusqu'au jour de leur mort. Alors, ils ne se plaindront pas et voudront se soumettre à Jésus-Christ comme leur Seigneur, leur Roi et leur Sauveur.

Cinquièmement, le mécontentement est en dessous de la norme que Dieu établit pour les chrétiens. Dieu est leur Père : s'ils se plaignent, ceci implique que Dieu ne veut pas ou ne peut pas veiller à leurs meilleurs intérêts. Christ est leur époux : s'ils se plaignent, ceci implique qu'ils n'ont pas confiance en son amour. Le Saint-Esprit est leur intercesseur : s'ils se plaignent, ceci implique qu'ils ne croient pas vraiment qu'il est capable de les aider ou qu'il les aidera.

Regardons un peu plus en détail les normes que Dieu a établies pour les chrétiens. Il les a élevés à une position fort honorable, il a fait d'eux des seigneurs du ciel et de la terre, il les a rapprochés de lui-même même plus que les anges, il les a unis à Christ. Les chrétiens jouissent d'une position très privilégiée. Or, Dieu avait un but en les appelant à occuper cette position. C'était que leurs vies démontrent la puissance de Dieu. Dieu a le droit de s'attendre à ce que ceux qu'il a tellement honorés ne se plaignent pas.

Dieu n'est pas seulement leur Sauveur : il est également leur Père. Les pères aiment voir leurs propres qualités transparaître dans leurs enfants, et Dieu aime voir son Esprit à l'œuvre dans ses enfants. En particulier, il veut les voir devenir semblables à son Fils Jésus-Christ, qui a grandement souffert et ne s'est jamais plaint, mais qui a prié : « Non pas ma volonté, mais ta volonté. » Dieu a le droit de s'attendre à ce que ses enfants ne se plaignent pas.

Si les chrétiens prétendent que Dieu a plus d'importance pour eux que les choses de ce monde, ils devraient le prouver par leur manière de vivre. Il vaut mieux ne pas prétendre être un chrétien qu'agir d'une manière inconséquente. Dieu a le droit de s'attendre à ce que ceux qui se disent chrétiens soient à la hauteur des normes chrétiennes.

Dieu a donné la foi aux chrétiens afin qu'ils soient assurés que toutes les choses qu'il leur a promises leur appartiennent par droit. La Bible dit qu'ils devraient « vivre par la foi ». Ceci ne signifie pas qu'ils peuvent s'attendre à ce que toutes choses soient exemptes de difficultés. Si c'était vrai, la foi ne serait pas nécessaire ! Ce que cela signifie, c'est qu'ils peuvent accepter joyeusement la volonté de Dieu, parce qu'ils savent qu'il leur a promis toutes sortes de bonnes choses. Et Dieu a le droit de s'attendre à ce que ceux qui ont été enseignés à croire ses promesses ne se plaignent pas.

En somme, Dieu s'attend à ce que les chrétiens soient patients dans des temps d'épreuves et se réjouissent dans des temps de difficultés. Par sa grâce, bon nombre de croyants ont atteint cette norme élevée. Dans Hébreux 11, nous pouvons lire au sujet de quelques-uns d'entre eux, des gens ordinaires, qui ont fait confiance à Dieu pour les soutenir quand les circonstances étaient difficiles. Dieu s'attend à cela ; ils ont agi avec foi, nous le pouvons également !

Sixièmement, le fait d'exprimer notre insatisfaction contredit nos prières. Nous ne pouvons dire : « ta volonté soit faite », et nous attendre à ce que notre volonté soit faite ! Nous ne pouvons dire : « donne-nous aujourd'hui notre pain quotidien », et nous attendre à recevoir des objets de luxe demain ! L'action même de prier signifie que nous reconnaissons que tout ce que nous avons vient de Dieu. Si nous allons nous mettre à nous plaindre de ce que Dieu nous donne, il vaut aussi bien cesser de prier.

Septièmement, se plaindre engendre seulement de la tristesse. C'est une perte de temps : nos esprits deviennent tellement préoccupés avec les plaintes que nous cessons de penser à Dieu et à la Parole de Dieu. Nous devenons inutiles pour servir Dieu : une personne heureuse peut encourager les autres lorsqu'ils ont des besoins, mais celui qui se plaint n'a rien à offrir. Se plaindre est le premier pas pour s'enfuir de Dieu et, comme Jonas, pour essayer de contrecarrer la volonté de Dieu plutôt que de s'y soumettre. Ce qui est encore pire, se plaindre nous rend ingrats, et la Bible considère l'ingratitude comme un péché. Les chrétiens qui se plaignent ne sont pas reconnaissants pour tous les nombreux cadeaux qu'ils ont reçus. Ils prétendent vouloir des cadeaux plus grands afin de glorifier Dieu davantage, mais ils ne sont pas vraiment reconnaissants pour ce qu'ils ont déjà. Les chrétiens peuvent être ainsi ingrats à la fois en ce qui concerne les dons spirituels que Dieu leur donne et les bénédictions matérielles qu'ils possèdent. Toutefois, Dieu s'attend à ce que les chrétiens soient reconnaissants et à ce qu'ils le louent pour tout ce qu'il leur a donné.

Luther a dit : « La méthode de l'Esprit de Dieu est de moins penser aux choses mauvaises et davantage aux bonnes choses : de penser que si une croix arrive, c'en est une petite, mais que si un acte de bonté arrive, c'en est un très grand. » Si une épreuve surgit, les chrétiens devraient remercier Dieu qu'elle n'est pas aussi sévère qu'elle pourrait l'être. L'Esprit Saint leur enseigne comment apprécier beaucoup leurs bénédictions et faire peu de cas de leurs problèmes. Le diable agit à l'opposé : considérez les Israélites dans le désert. Ils ont dit à Moïse : « N'est-ce pas assez que tu nous aies fait sortir d'un pays où coulent le lait et le miel pour nous faire mourir au désert, sans que tu continues à dominer sur nous ? » (No 16.13.) L'esprit de mécontentement les avait envahis au point de tordre la vérité. L'Égypte, le pays de l'esclavage, des travaux forcés, des mauvais traitements et du meurtre de leurs enfants, n'était pas un « pays où coulent le lait et le miel ». On remettait en question le leadership de Moïse et on déformait ses motifs. Les chrétiens peuvent aussi agir de la sorte : lorsque les problèmes surgissent, ils peuvent être tentés de penser qu'ils étaient plus heureux auparavant, et cette pensée ne fait que les rendre plus malheureux.

Huitièmement, puisque cela ne contribue qu'à nous rendre malheureux, ce n'est pas seulement péché, mais également folie. À quoi bon nous plaindre au sujet de ce que nous n'avons pas ? Cela facilite-t-il la jouissance des choses que nous possédons ? Un enfant qui jette son pain parce qu'il n'a pas de gâteau satisfera-t-il sa faim ? Se plaindre est inutile : « Qui de vous, par ses inquiétudes, peut ajouter une coudée à la durée de sa vie ? » (Mt 6.27.) La réponse, bien sûr, c'est que personne ne le peut ! Les gens peuvent s'inquiéter au point d'en mourir, mais se plaindre ne leur fera pas du bien. Dieu peut retenir une bénédiction jusqu'à ce qu'ils soient dans un état d'esprit convenable pour la recevoir. Ou si Dieu accorde la bénédiction, les chrétiens peuvent se rendre compte que leurs esprits sont maintenant tellement pleins d'amertume qu'ils ne peuvent apprécier la bonté de Dieu.

En réalité, se plaindre est insensé, car cela ne fait qu'empirer les choses. Les chrétiens qui se plaignent sont des chrétiens orgueilleux qui refusent de se soumettre à la volonté de Dieu pour eux. Ils ressemblent à des marins qui se plaignent d'une tempête plutôt que de préparer leur navire à l'affronter. Les marins sensés s'inclinent devant la tempête et abaissent les voiles.

Neuvièmement, se plaindre provoque la colère de Dieu. Il était en colère lorsque les Israélites se sont plaints : il est en colère lorsque les chrétiens se plaignent. Les Israélites ont été punis parce qu'ils se sont plaints ; et les croyants devraient prendre garde de ne pas ajouter à leurs difficultés en invitant la punition de Dieu. Un esprit inquiet et qui se plaint est l'esprit de Satan. Il a été le premier à se rebeller, le premier à se plaindre, le premier à être maudit par Dieu. Toute rébellion est maudite, et les chrétiens devraient porter sérieusement attention à ce que la Bible dit concernant le fait de se plaindre.

Dixièmement, Dieu peut retirer ses soins et sa protection à ceux qui se plaignent à son sujet. On peut congédier un employé mécontent et l'envoyer chercher un autre emploi ; et Dieu peut envoyer les siens chercher un autre maître s'ils se plaignent de la façon dont il les traite. Il se peut que ce soit parce qu'il veut les discipliner et qu'ils aient confiance en lui, ou parce qu'ils n'ont jamais été de véritables croyants.

Se plaindre est mauvais pour vous : c'est le premier pas sur un chemin descendant et glissant. Quelques-uns des Israélites qui se sont plaints n'ont jamais vu la terre promise.

7

C'EST LE TEMPS D'ARRÊTER DE SE PLAINDRE

Se plaindre est toujours néfaste et insensé, mais c'est une chose particulièrement sérieuse dans certaines situations. Dans le présent chapitre, nous allons examiner quatre de ces situations.

En premier lieu, se plaindre est particulièrement sérieux lorsque nous avons été grandement bénis. Par exemple, s'il y a des difficultés dans la vie de notre église locale, nous sommes tentés de nous plaindre et d'oublier combien nous devrions être reconnaissants d'être libres d'adorer et d'évangéliser comme nous le désirons. Dans certains pays, les chrétiens craignent de perdre leur liberté ou leur vie parce qu'ils appartiennent à Christ. Ou bien, si Dieu est bon pour une autre église, nous sommes tentés d'être jaloux et de nous plaindre, en oubliant d'être reconnaissants envers Dieu qui a béni ces autres croyants ainsi que nous-mêmes, même si c'est de façons différentes. Il se peut que notre tour vienne : si Dieu peut faire de grandes choses pour eux, il le peut également pour nous. Ou bien, si Dieu est bon pour notre église dans un temps où nous éprouvons des problèmes personnels, nous sommes tentés d'oublier que nous devrions être reconnaissants pour ce que Dieu fait, et ne pas nous plaindre au sujet de nos difficultés personnelles. Nous devrions toujours pouvoir nous réjouir lorsque Dieu est bon pour son Église.

En second lieu, se plaindre est particulièrement sérieux si nous nous plaignons au sujet de choses insignifiantes. Il serait insensé pour une mère de s'inquiéter parce que son enfant en santé et heureux a une très petite tache de naissance. Le roi Achab, établi sur un royaume entier, agissait mal en boudant parce qu'il ne possédait pas une certaine vigne. De même, c'est une chose insensée pour les chrétiens de se plaindre au sujet de choses insignifiantes.

En troisième lieu, les plaintes sont particulièrement sérieuses si elles proviennent de ceux envers qui Dieu a été particulièrement gracieux. Si un voyageur se voit offrir gratuitement l'hospitalité et trouve à redire, il fait preuve de rudesse et d'ingratitude. Or, les croyants sont des voyageurs dans ce monde et tout ce qu'ils possèdent leur a été gratuitement donné par Dieu. Si Dieu a été si bon envers eux, ils n'ont aucun prétexte pour se plaindre.

En dernier lieu, se plaindre est particulièrement sérieux si nos difficultés font partie des plans de Dieu pour nous rendre humbles. La Bible dit qu'Énoch marcha avec Dieu, c'est-à-dire qu'il vit comment Dieu agissait dans sa vie, s'y soumit et organisa sa vie en conséquence. Même dans des temps difficiles, les chrétiens sont prêts à se soumettre à la volonté de Dieu et à accepter qu'il agisse ainsi pour les rendre humbles et leur faire du bien spirituellement. C'est mal de se plaindre parce que Dieu nous fait du bien ; c'est particulièrement mal de continuer à se plaindre s'il continue à nous faire du bien. Bien sûr, il n'est pas facile de supporter les difficultés, mais la Bible nous dit au sujet de la discipline qu'elle produit plus tard « un fruit paisible de justice » pour ceux qui sont exercés par elle (Hé 12.11). Plus les chrétiens font l'expérience de la discipline de Dieu, plus ils devraient être reconnaissants de ses soins à leur égard.

Lorsque nous réalisons que nous nous plaignons dans une des situations précédentes, le temps est venu de cesser. Mais considérez de nouveau la troisième et la quatrième situation que j'ai décrites. Les chrétiens sont toujours dans la position de ceux envers qui Dieu a usé spécialement de grâce. Les chrétiens sont toujours dans la position de ceux avec qui Dieu agit pour leur propre bien. Ainsi donc, se plaindre est toujours sérieux lorsque le chrétien agit ainsi. Par conséquent, ceci signifie que le temps de cesser de se plaindre est toujours le même : c'est maintenant !

8

PAS DE PRÉTEXTES !

Depuis que l'Éternel a questionné Adam et Ève au sujet du premier péché, les hommes et les femmes ont invoqué des prétextes pour leur comportement. Voici quelques-uns de leurs prétextes.

« Je ne me plains pas : je fais seulement énoncer des faits. » Bien sûr, c'est bon pour les croyants d'examiner leurs situations de façon réaliste, mais ils ne devraient pas se plaindre. Au contraire, être conscient des faits, c'est de réaliser combien grande est la miséricorde de Dieu envers eux. Si leurs problèmes les occupent plus que la miséricorde de Dieu, leur perspective de la réalité est faussée. Être conscient des faits n'empêche pas un chrétien de servir Dieu comme il le devrait. Mais, se plaindre au sujet de son problème est une entrave à son service. Bien sûr, faisons face à la réalité, mais cela devrait nous amener à être reconnaissants envers Dieu, non seulement pour ce qu'il a fait pour nous, mais pour ce qu'il a fait pour les autres. Si nous les envions, cela indique que nous pensons trop à nos difficultés et pas suffisamment à la bonté de Dieu.

« Je ne me plains pas : je suis seulement conscient du péché. » C'est chose facile à dire, mais très souvent si la source de la difficulté est enlevée, le soi-disant sens du péché disparaît. Ceci démontre seulement qu'il n'y avait pas de réelle conviction de péché. Les chrétiens qui sont préoccupés par le péché ne voudront pas ajouter à leur culpabilité en se plaignant ; ils seront plutôt heureux de se soumettre à la discipline de Dieu.

« Je suis malheureux parce que je ne sens pas que Dieu est avec moi. » Or, seulement parce que nous souffrons, cela ne signifie pas que Dieu nous a abandonnés. Un père ne s'est pas détourné de son fils parce qu'il a dû le discipliner. Dieu a promis d'être avec son peuple, en particulier dans les temps difficiles : « Si tu traverses les eaux, je serai avec toi ; et les fleuves, ils ne te submergeront point » (És 43.2). Ainsi, Dieu est là, mais il se peut que les croyants ne sentent pas sa présence en raison de leur esprit de plainte qui a chassé tout sentiment de la présence de Dieu. S'ils veulent sentir sa proximité, ils doivent faire preuve de calme et de soumission, et prendre garde à être la sorte de personnes qu'il veut qu'ils soient.

« Ce n'est pas la souffrance, mais l'attitude des autres que je ne peux supporter. » Même l'attitude des autres personnes est entre les mains de Dieu ; même des gens méchants peuvent servir à ses fins, bien que les chrétiens doivent se souvenir que les méchants sont sous le jugement de Dieu et qu'ils devraient néanmoins prier pour eux. Peu importe la sévérité des autres à leur égard, les chrétiens doivent se rappeler que Dieu est toujours bon pour ses enfants. Ils devraient le louer : il n'y a pas de prétextes pour se plaindre.

« Je ne m'attendais jamais à cela. » Les chrétiens devraient s'attendre à vivre des situations éprouvantes ici-bas, et devraient se préparer pour des temps difficiles. Ainsi donc, ils pourraient les affronter le temps venu. Et combien souvent peuvent-ils dire : « Je ne m'attendais jamais à cela », lorsque Dieu a été particulièrement bon envers eux !

« Mon problème est pire que celui d'aucune autre personne. » Comment le savez-vous ? Il se peut que le fait de vous plaindre vous ait conduit à exagérer. Mais si c'est vrai, cela signifie que Dieu vous a donné une plus grande opportunité de le glorifier qu'aux autres. Lorsqu'ils observent comment vous résolvez votre gros problème, ils loueront Dieu, et peut-être que cela les aidera à résoudre leurs petits problèmes.

« Mon problème m'empêche de servir Dieu. » Il arrive parfois que des chrétiens soient incapables de servir Dieu comme ils le souhaiteraient à cause de leurs circonstances. Évidemment, c'est une bonne chose de vouloir servir Dieu, et c'est naturel d'être attristé lorsque nous ne pouvons pas le faire. Mais ce n'est pas un prétexte pour nous plaindre. Nous sommes membres du corps de Christ. Il vaut mieux être un membre de peu d'importance du corps de Christ que d'être une personne importante qui n'est pas membre de ce corps. Tous les chrétiens ont à répondre à une vocation spirituelle, même si elle leur semble insignifiante. Les actes les plus ordinaires d'un humble croyant plaisent plus à Dieu que tous les faits historiques célèbres. Dieu ne demande pas la notoriété ou des réalisations brillantes, mais la fidélité et la patience. Ceux qui démontrent de telles qualités spirituelles seront récompensés au ciel. Lorsqu'ils ont compris cela, les croyants humbles n'ont plus de motifs de se plaindre.

« Je ne peux supporter mes circonstances, car elles ne sont jamais réglées. » Peut-être que si nos circonstances ne sont pas réglées, c'est pour nous enseigner à faire confiance à Dieu pour toutes les étapes du chemin. De toute façon, notre état spirituel est réglé et notre état éternel est assuré. Entre-temps, Christ nous accorde un grand nombre de bénédictions : « Et nous avons tous reçu de sa plénitude, et grâce sur grâce » (Jn 1.16).

« J'étais riche, mais maintenant je suis pauvre. » Ce n'est pas un prétexte pour se plaindre. Ne pouvez-vous pas être reconnaissant du fait que vous étiez riche, et que vous avez eu l'occasion de vous préparer pour ce temps de pauvreté ? Du fait que vous étiez en santé, et que vous avez eu l'occasion de vous préparer pour ce temps de maladie ? Ou bien du fait que vous étiez libre, et que vous avez eu l'opportunité de vous préparer pour ce temps de persécution ? Un marin avisé prépare son bateau durant les jours de calme pour affronter la tempête. Dieu n'est pas obligé de donner quoi que ce soit aux croyants, et ils devraient être reconnaissants pour toutes les bénédictions non méritées, passées et présentes. Est-il juste de se plaindre au sujet de quelques difficultés au cours d'un voyage autrement satisfaisant ? Mais peut-être que ce prétexte signifie en réalité : « Je me suis donné beaucoup de peine pour obtenir ceci, et il est injuste que je le perde. » Cependant, avant de se donner beaucoup de peine pour quoi que ce soit, les chrétiens devraient s'assurer de leurs motifs. Ils doivent être prêts à laisser tomber ce qu'ils poursuivent pour quelque chose de mieux pour eux, quelque chose qui serait plus honorable pour Dieu.

9

LE BONHEUR :
COMMENT L'OBTENIR

Le bonheur chrétien, ou le contentement, est diamétralement opposé à l'esprit de quelqu'un qui se plaint. Il commence dans les cœurs des croyants. On ne peut balancer un navire en mer en le soutenant de l'extérieur ; il faut le ballaster de l'intérieur. De la même façon, il n'y a rien à l'extérieur du chrétien qui peut le garder continuellement heureux : la grâce doit habiter en lui. Or, si les chrétiens possèdent cette grâce en eux-mêmes, ils peuvent prendre certaines mesures concrètes pour les aider à obtenir le véritable bonheur.

Premièrement, les chrétiens doivent veiller à ne pas s'investir excessivement dans les affaires de ce monde. Évidemment, ils ne peuvent vivre dans ce monde sans y être impliqués dans une certaine mesure. Et Dieu peut les diriger à s'engager dans certains aspects des affaires de ce monde. Toutefois, pour expérimenter le véritable bonheur, ils doivent s'y engager de façon minimale.

Deuxièmement, les chrétiens doivent obéir à la Parole de Dieu révélée dans la Bible. Ceci ne devrait pas s'avérer difficile. La Bible enseigne clairement que toutes choses concourent au bien des croyants (Ro 8.28). Ainsi, en servant Dieu, ils servent un maître qui a toujours à cœur leur intérêt supérieur. Les croyants peuvent se soumettre avec joie à la volonté de Dieu lorsqu'ils ont compris cela.

Troisièmement, à l'instar des gens mentionnés dans Hébreux 11, les chrétiens devraient vivre par la foi, faisant appel à leur foi pour comprendre ou accepter leurs circonstances. Ils doivent avoir foi non seulement dans les promesses de Dieu, mais en Dieu lui-même. Il se soucie d'eux si bien qu'ils n'ont pas à se préoccuper de quoi que ce soit. Même Socrate, un philosophe païen (469-399 av. J.-C.), a dit : « Si Dieu se préoccupe à ce point de vous, pourquoi devriez-vous vous préoccuper vous-mêmes de quoi que ce soit ? » Dans des temps difficiles, les croyants devraient rejeter leurs fardeaux sur Dieu et lui remettre leurs voies. Croire en Dieu leur apportera alors la paix et le bonheur.

Quatrièmement, ils devraient travailler fort à s'élever spirituellement, à « *[chercher]* les choses d'en haut, où Christ est assis à la droite de Dieu » (Col 3.1). Si les chrétiens pensent peu ou pas aux choses célestes, et passent beaucoup de temps à ressasser ce qu'ils veulent, ils ne font que se rendre malheureux. Si leurs esprits sont occupés des choses célestes et s'ils passent du temps en communion avec Dieu, ils ne seront pas abattus lorsqu'ils éprouvent des difficultés avec les choses terrestres.

En rapport étroit avec ce dernier point, *cinquièmement*, les chrétiens ne devraient pas s'attendre à ce que leur contentement vienne d'une multitude de choses terrestres. Paul a écrit : « Si donc nous avons la nourriture et le vêtement, cela nous suffira » (1 Ti 6.8). Les gens qui s'attendent à de grandes choses sont souvent déçus. Les chrétiens devraient donc être contents avec ce qu'ils possèdent. Ils devraient suivre le conseil donné à Baruc : « Et toi, rechercherais-tu de grandes choses ? Ne les recherche pas ! » (Jé 45.5.) Ceux qui s'attendent à de grandes choses spirituelles ne seront pas déçus. *Sixièmement*, les chrétiens devraient être morts au monde. Paul a écrit : « Je meurs chaque jour » (1 Co 15.31 ; *Darby*). Les croyants savent que leur seule source véritable de bonheur se trouve dans les choses spirituelles. En effet, les choses de ce monde pâlissent étrangement à la lumière de la gloire et de la grâce de Dieu. *Septièmement*, les chrétiens ne devraient pas penser sans cesse à leurs difficultés. Un enfant malade gratte ses plaies, ce qui ralentit leur guérison. Les chrétiens peuvent agir semblablement avec leurs problèmes. Ils en parlent continuellement et ils les laissent empiéter sur leurs moments de prière. Ils commencent même à se sentir pires, car les problèmes leur paraissent maintenant plus graves qu'ils ne le sont en réalité. Combien mieux de penser à la bonté de Dieu jusqu'ici, à un point tel qu'il ne reste plus de temps pour se plaindre et être malheureux. Lorsque la femme de Jacob mourut en enfantant, elle appela le garçon Ben-Oni, ce qui signifie « fils de ma douleur ». Toutefois, Jacob ne voulait pas être constamment rappelé que ce fils avait été la cause de tant de douleur. Il appela donc le garçon Benjamin, « fils de ma droite ». Une telle attitude positive est toujours utile pour les croyants afin de trouver le vrai bonheur.

Ainsi donc, *huitièmement*, les croyants devraient s'efforcer de penser positivement en ce qui concerne les actions de Dieu dans leur vie. Ce serait un piètre ami que celui qui mésinterpréterait constamment les actions de son ami et lui attribuerait toutes sortes de motifs indignes. De la même manière, les croyants agissent mal en mésinterprétant les actions de Dieu dans leur vie. Ils devraient penser positivement quant à ce qu'il fait, par exemple en raisonnant ainsi : « Dieu a vu le danger que je m'attache trop à ceci ou à cela ; il l'a donc enlevé avec bienveillance » ou « Dieu a vu que s'il me laissait être un homme riche, je tomberais dans le péché. Il m'a donc rendu pauvre dans sa bienveillance » ou « Dieu me prépare pour une tâche particulière qu'il a en vue, et cela me réjouit ». « [L'amour] ne se réjouit point de l'injustice » (1 Co 13. 6). Si vous aimez quelqu'un, vous interprétez ses actions d'une façon positive. Concernant une quelconque action de Dieu dans votre vie, s'il y a neuf mauvaises interprétations et une bonne, prenez celle-ci et oubliez les neuf autres.

Neuvièmement, ne prêtez pas trop attention aux opinions des autres. Par exemple, les chrétiens peuvent être parfaitement heureux jusqu'à ce que leur calme soit dérangé en se faisant dire qu'ils manquent de quelque chose. Mais, s'ils étaient satisfaits avant qu'on ne leur parle, pourquoi devraient-ils laisser des idées non chrétiennes du bonheur les troubler ? Le véritable bonheur chrétien ne dépend pas de ce que disent les autres.

Comment les chrétiens peuvent-ils obtenir le bonheur ? On peut résumer tout ce qui précède par ces mots : les chrétiens ne doivent pas être attachés aux choses de ce monde. De cette manière, ils ne seront pas affligés si ces choses – leurs biens personnels, leurs familles, leurs réputations, ou d'autres choses – leur sont enlevées.

10

LE BONHEUR :
COMMENT LE CONSERVER

Le temps des souffrances arrive : comment les croyants vont-ils demeurer heureux ? Dans ce dernier chapitre, nous allons examiner cinq pensées qui les aideront à demeurer heureux dans les temps difficiles.

Premièrement, les chrétiens inquiets devraient se souvenir combien grandes sont les choses que Dieu leur a données et combien insignifiantes sont les choses qu'ils ne possèdent pas. Ils sont tentés de languir après les choses que les non-chrétiens ont en abondance. Ceci peut les rendre malheureux, même s'ils jouissent de privilèges spirituels inconnus des non-croyants. Dieu leur a donné « toute bénédiction spirituelle dans les lieux célestes en Christ » (Ép 1.3), et c'est donc mal pour eux de devenir malheureux parce qu'ils ne possèdent pas des biens qui sont terrestres et donc temporaires.

Deuxièmement, les chrétiens inquiets devraient se souvenir des bénédictions qu'ils ont reçues dans le passé. Une personne qui a atteint l'âge de cinquante ans et qui a été malade durant deux ans ferait mieux de remercier Dieu pour les quarante-huit années d'excellente santé que de commencer à se plaindre de ses deux années de maladie.

Troisièmement, les chrétiens doivent se souvenir que leur vie dans ce monde est courte, alors que l'éternité est longue. Leurs difficultés cesseront bientôt. La Bible nous dit que « nos légères afflictions du moment produisent pour nous, au-delà de toute mesure, un poids éternel de gloire, parce que nous regardons, non point aux choses visibles, mais à celles qui sont invisibles ; car les choses visibles sont passagères, et les invisibles sont éternelles » (2 Co 4.17,18).

Quatrièmement, les chrétiens inquiets devraient se souvenir que le peuple de Dieu a souffert des épreuves beaucoup plus terribles. Héritier d'Abraham et d'Isaac, Jacob a dû se contenter de travailler pour son oncle durant bon nombre d'années. Ayant vécu auparavant dans le palais du roi d'Égypte, Moïse a passé quarante ans à travailler comme berger, et il était tellement pauvre lorsqu'il est retourné en Égypte qu'il pouvait faire monter sur un seul âne toute sa famille et ses possessions (Ex 4.20). Élie a dû demeurer caché et être nourri par des corbeaux. Jérémie fut jeté dans une fosse. Le réformateur Martin Luther n'avait rien à laisser à sa femme et à ses enfants en héritage. Et aujourd'hui, les croyants oseraient-ils s'attendre d'être épargnés des souffrances, alors que ces grands hommes de Dieu ne l'ont pas été ? Par-dessus tout, leur grand modèle en cela, comme en toutes choses, est le Seigneur Jésus-Christ dont la situation était pire que celle des renards et des oiseaux, et qui n'avait pas où reposer la tête.

Finalement, les chrétiens inquiets devraient faire un effort pour louer Dieu pour ce qu'il leur a donné. Ils ont une nouvelle nature spirituelle : ils peuvent louer Dieu dans des façons qui lui sont véritablement agréables. Et ils découvriront qu'agir ainsi produit un bonheur véritable.

Ainsi donc, voilà en quoi consiste le bonheur. Le possédons-nous ? La Parole de Dieu nous indique comment l'obtenir. Avons-nous emprunté cette voie encore ? Il est plus facile de parler du bonheur que de le trouver. Par conséquent, les jeunes chrétiens devraient faire un effort pour cultiver un esprit calme et satisfait dès le début de leurs vies chrétiennes. Les chrétiens plus âgés devraient réaliser combien ils ont encore à apprendre. Aucun chrétien véritable ne peut être satisfait jusqu'à ce qu'il ait trouvé le véritable bonheur que Dieu donne.

QUESTIONS POUR VOUS AIDER À RÉFLÉCHIR

CHAPITRES 1 ET 2

1. *Quelles sont les causes les plus importantes d'insatisfaction dans votre vie ? Soyez honnête !*

_____

_____

_____

_____

_____

_____

_____

_____

_____

_____

_____

_____

2. *Le contentement fait partie du caractère de Dieu lui-même, et c'est un cadeau précieux qu'il donne à ses enfants. Comment décririez-vous la nature du contentement ?*

_____

_____

_____

_____

_____

_____

_____

3. *Le chapitre 2 décrit le contentement chrétien comme un grand secret – quelque chose qu'un non-chrétien ne peut comprendre. Si nous sommes honnêtes, nous devons reconnaître à coup sûr que bon nombre de croyants ignorent ce secret. Pourquoi en est-il ainsi ?*

_____

_____

_____

_____

_____

_____

_____

4. *Quel est ou devrait être le lien entre le contentement chrétien et la promesse de la gloire à venir ?*

5. *Le bonheur chrétien « ne résulte pas du fait d'obtenir davantage, mais de vouloir moins ». Comment pouvons-nous contrôler nos besoins ?*

6. *Comme chrétiens, en quoi sont différents nos besoins et nos attentes de ceux de nos proches, de nos amis et de nos voisins ?*

_____

_____

_____

_____

_____

_____

_____

7. *Quel lien existe-t-il entre le contentement et la piété ?*

_____

_____

_____

_____

_____

_____

_____

8. *À la lumière de vos réponses aux questions ci-dessus, quels changements devez-vous apporter à votre vie et à votre attitude ?*

CHAPITRES 3 À 5

1. *En quoi ce que vous avez lu et ce à quoi vous avez réfléchi jusqu'ici a-t-il eu une influence sur votre vie et vos attitudes ?*

_____

_____

_____

_____

_____

_____

_____

_____

_____

_____

_____

2. *Le chapitre 3 suggérait que les promesses de Dieu devraient rendre le chrétien heureux ou satisfait. Y a-t-il eu des occasions où vous vous êtes senti malheureux parce que Dieu a semblé ne pas garder certaines de ses promesses ?*

Lisez le Psaume 91. Comment devrions-nous réagir à de telles promesses? Comment devrions-nous faire face à des situations où Dieu ne semble pas nous traiter selon les promesses de sa Parole ?

---

3. *Le chapitre 4 suggère que l'une des façons de nous garder d'un esprit de mécontentement est d'avoir une juste estime de soi – ne pas avoir une opinion trop élevée de nous-mêmes et de ce que nous méritons. Combien importante est l'image de soi pour jouir du bonheur chrétien ?*

_____

_____

_____

_____

_____

_____

_____

_____

4. *Comment une appréciation pratique de la souveraineté de Dieu est-elle un ingrédient nécessaire au contentement chrétien ?*

_____

_____

_____

_____

_____

_____

_____

5. *Jésus parle de sa capacité à satisfaire ceux qui ont soif (voir Jn 4.13,14). Celui qui possède Christ devrait être satisfait. Qu'est-ce que cela signifie concrètement ?*

_____

_____

_____

_____

_____

_____

_____

6. *Le chapitre 4 suggère que les chrétiens ont besoin d'apprendre à être satisfaits. Si l'Église est l'école où nous apprenons à connaître Christ, de quelles manières pouvons-nous nous aider les uns les autres à apprendre nos leçons ?*

_____

_____

_____

_____

_____

_____

_____

Chapitres 6 à 8

1. *Lisez Philippiens 2.14,15. Croyons-nous vraiment que se plaindre est un péché ?*

_____

_____

_____

_____

_____

_____

_____

_____

2. *Lisez Ésaïe 53.3-7. Notre Seigneur Jésus ne s'est pas plaint, même lorsqu'il a été crucifié cruellement et injustement. De quelle manière le caractère et le comportement de Christ devraient-ils influencer ceux du chrétien ?*

_____

_____

_____

_____

_____

_____

3. *Lisez Philippiens 4.6,7 et comparez avec 1 Thessaloniciens 5.16-18. Quel lien y a-t-il entre la prière et le contentement du chrétien ?*

_____

_____

_____

_____

_____

_____

_____

_____

4. *Les Israélites que Dieu a fait sortir d'Égypte se plaignaient conti-nuellement de lui, et Dieu a été en colère contre eux et les a jugés. Pensez-vous que Dieu est en colère contre nous lorsque nous nous plaignons de certaines choses ? Se peut-il que certaines de nos épreuves soient des jugements de Dieu envers nous parce que nous sommes des gens qui se plaignent ?*

_____

_____

_____

_____

_____

_____

_____

5. *Lisez Hébreux 12.7-11. En quoi nos épreuves et nos difficultés font-elles partie de notre formation dans la justice ? Quelle attitude est requise de notre part pour qu'une telle formation soit réussie ?*

_____

_____

_____

_____

_____

_____

_____

6. *De quelles façons cherchez-vous à justifier vos plaintes ?*

_____

_____

_____

_____

_____

_____

_____

7. *Qu'avez-vous appris au sujet de vous-même à la suite de cette étude ?*

_____

_____

_____

_____

_____

_____

_____

CHAPITRES 9 ET 10

1. *Le chapitre 9 nous rappelle que le contentement résulte du travail de la grâce de Dieu dans le cœur. Cela signifie-t-il que l'absence d'un esprit satisfait est la faute de Dieu ? Devons-nous continuer à maugréer et à nous plaindre jusqu'à ce que Dieu nous transforme ?*

_____

_____

_____

_____

_____

_____

_____

_____

2. *Une façon d'apprendre à être satisfait consiste à ne pas s'engager*
    outre mesure dans les choses de ce monde (voir Mt 6.19-34 et
    Col 3.1-4). Toutefois, les chrétiens doivent vivre dans ce monde,
    et nous avons de nombreuses responsabilités terrestres, comme
    celles envers nos familles et nos employeurs. À la lumière de cette
    réalité, que signifie pratiquement « ne pas s'engager outre mesure
    dans les affaires de ce monde » ?

    _____

    _____

    _____

    _____

    _____

    _____

3. *Lisez Actes 16.16-25. Essayez de vous imaginer à la place de Paul*
    et de Silas, ce que cela a dû être d'être battus et emprisonnés pour
    avoir fait le bien. En quoi la prière et la louange sont-elles impor-
    tantes pour conserver la joie dans des temps difficiles ?

    _____

    _____

    _____

    _____

    _____

    _____

4. *Lorsque vous avez traversé des temps difficiles, qu'est-ce qui vous a aidé à demeurer content ?*

_____

_____

_____

_____

_____

_____

_____

5. *Lorsque d'autres chrétiens traversent des temps d'épreuves, comment pouvons-nous les aider efficacement à garder de bons sentiments envers Dieu et à être pleinement satisfaits de la façon dont il agit envers eux ?*

_____

_____

_____

_____

_____

_____

_____

6. *Qu'avez-vous appris de ce livre ? Quelle différence cela produira-t-il dans votre vie ?*

PUBLICATIONS
C H R É T I E N N E S

Pour notre catalogue complet :
www.publicationschretiennes.com

Publications Chrétiennes inc.
230, rue Lupien, Trois-Rivières, Québec, CANADA – G8T 6W4
Tél. (sans frais) : 1-866-378-4023, Téléc. : 819-378-4061
commandes@pubchret.org

MARQUIS

Québec, Canada

Imprimé sur du Rolland Enviro,
contenant 100% de fibres postconsommation,
fabriqué à partir d'énergie biogaz et certifié FSC®,
ÉCOLOGO, Procédé sans chlore et Garant des forêts intactes.

PERMANENT

100%

Garant
des forêts
intactes^MC